LES

QUATRE STÈLES ORIENTÉES

DU

MUSÉE DE MARSEILLE

PAR

M. ÉDOUARD NAVILLE

LYON

IMPRIMERIE PITRAT AINÉ

4, RUE GENTIL, 4

1880

LES QUATRE STÈLES ORIENTÉES DU MUSÉE DE MARSEILLE

LES

QUATRE STÈLES ORIENTÉES

DU

MUSÉE DE MARSEILLE

PAR

M. ÉDOUARD NAVILLE

LYON
IMPRIMERIE PITRAT AINÉ
4, RUE GENTIL, 4

1880

LES

QUATRE STÈLES ORIENTÉES

DU

MUSÉE DE MARSEILLE

Dans le Livre des Morts, il existe un chapitre[1] qui nous donne en abrégé la description de l'ornementation d'un tombeau. On sait qu'à côté de la momie on déposait dans le caveau funéraire des statuettes, des vases canopes, des cassolettes de parfums, en un mot, tout un mobilier, si l'on peut s'exprimer ainsi, qui a varié suivant les temps et suivant les localités.

Les papyrus plus anciens que celui de Turin, ceux par exemple qui sont contemporains des grandes dynasties thébaines, la XVIIIe et la XIXe, ont conservé de ce chapitre une version beaucoup plus complète que celle du papyrus de Turin. On voit par ces textes que les principaux objets qui devaient être déposés dans le caveau, outre les vases canopes, c'étaient un ou quelquefois deux emblèmes du nom de *Tat*, une figurine en forme de momie, un Anubis, et enfin un morceau de bois qui représentait une flamme. Sur cet intéressant sujet, M. Devéria avait fait une belle étude, dont nous ne connaissons qu'un extrait qui a été publié par M. Pierret[2], après la mort de l'auteur.

[1] Ch. CLI du *Todtenbuch* de M. Lepsius.

[2] Papyrus de Nebqed. Introd., p 6.

Mais les inscriptions qui nous donnent le plus de détails sur cette ornementation, ce sont quatre stèles déposées actuellement au musée Borély à Marseille. M. Devéria en a eu connaissance, et en a cité quelques phrases dans plusieurs de ses travaux; mais elles n'ont pas encore été publiées. Ces monuments, tous quatre d'égale grandeur, mesurant environ 0^m,76 de haut sur 0^m,50 de large, d'une conservation parfaite, remontent évidemment à la belle époque de l'écriture hiéroglyphique, au commencement de la XIXe dynastie. Ils étaient dans la collection de M. Clot-Bey, dont une partie est demeurée à Marseille.

L'inscription qui recouvre ces stèles nous donne la description des quatre amulettes principales, qui devaient être orientées suivant les quatre points cardinaux. Pour éviter peut-être qu'elles fussent volées ou qu'elles se perdissent, chacune de ces amulettes était engagée dans une petite niche pratiquée dans la pierre de la stèle; les amulettes n'existent plus; il ne reste que la niche qui donne la forme et la grandeur de l'objet qui y était enchâssé.

Le tombeau auquel elles appartenaient était celui d'un *scribe royal;* nous devrions plutôt traduire le mot [hiéroglyphes] par *fonctionnaire;* ce titre très ordinaire, quel que soit l'emploi de celui qui le porte, correspond à un certain degré d'instruction, et non à une fonction telle que ce que nous désignons par le mot de scribe; il était [hiéroglyphes] *général.* Nous connaissons le nom d'un grand nombre de généraux égyptiens; celui qui nous occupe ajoute à ces mots l'épithète de [hiéroglyphes], ce qui signifie vraisemblablement *général en chef.* Il ne paraît pas que cet officier ait rien fait de bien marquant dans sa carrière militaire; car son nom, *Kasa,* nous est parfaitement inconnu. Sa mère était la dame *Isis;* le nom de son père peut se lire de deux manières; ou bien c'est le nom *Aai* précédé du titre de [hiéroglyphes] *hat,* qui est aussi un emploi militaire et qui se trouve souvent sous la XXIe dynastie avec la forme [hiéroglyphes] ou bien, ce qui me paraît le plus probable, les deux mots n'en forment qu'un, *Hat-Aai,* qui aurait été alors le nom du père de Kasa. Hat-Aai nous est connu par une inscription de l'île de Sehel. Il paraît qu'il avait passé les cataractes, et comme beaucoup d'autres, il a gravé son nom sur les rochers. Si c'est bien le même personnage, le père de Kasa aurait été [hiéroglyphes]: *préposé aux prophètes de tous les dieux* [1].

[1] Mariette, *Monuments divers,* pl. 73, n° 64.

Les stèles qui nous occupent sont composées de deux parties distinctes : une formule magique s'adressant à un être malfaisant dont l'amulette doit empêcher l'influence pernicieuse, puis une courte description de l'amulette avec une indication du côté du mur auquel elle appartient. Une seule de ces stèles, celle de la flamme, y ajoute une sorte d'invocation mystique que le défunt adresse à l'amulette.

Il y a donc quatre influences mauvaises dont le défunt doit être préservé et dont chacune vient de l'un des points cardinaux ; de même aussi il y a quatre vases, ceux qu'on appelle improprement canopes, surmontés chacun d'une tête différente, contenant chacun une partie des viscères du défunt, et dont la relation avec les quatre points cardinaux est hors de doute. Quelles sont ces influences ? se rattachent-elles peut-être aux quatre vents, qui au lieu d'être appelés le *bon* 𓄤 comme ils le sont presque toujours, seraient ici des puissances occultes et funestes ? Faut-il y voir les quatre éléments ? ce sont là des questions fort difficiles, et à la solution desquelles nous sommes loin d'être arrivés. D'ailleurs le texte même de ces formules ne nous donne aucun éclaircissement à cet égard. Pour qu'elles pussent avoir un effet magique, elles devaient être mystérieuses même pour les Égyptiens ; à plus forte raison le sont-elles pour nous. Il en a été ainsi de tout temps ; un mot magique agit d'autant plus qu'il se comprend moins, et bien loin de s'adresser à la raison, il est destiné à la déconcerter.

Les papyrus ne nous en apprennent guère davantage. Nous avons dit que ces stèles composaient le chapitre CLI du Livre des Morts. A l'époque des Saïtes, qui est celle du papyrus de Turin, une partie du chapitre était perdue ; le texte du Todtenbuch ne nous donne plus que les formules du sud et de l'est.

Les papyrus dont nous avons une version sous les yeux, et qui nous viendront en aide dans l'interprétation de ces stèles, sont tous de l'époque thébaine ; ils sont au nombre de quatre ; deux sont à Paris, un à Londres, et un à Boulak. Ce sont :

A. Le papyrus du pastophore de Thèbes, *Toura*, dit *Neferubenef ;* décrit dans le catalogue de M. Devéria, sous le n° III, 93.

B. Le papyrus de *Nebqed* (III, 36), traduit par M. Devéria et publié par M. Pierret.

C. Le papyrus de la chanteuse d'Ammon, *Muthotep*. British Museum, Murray, 1261.

D. Le papyrus du contrôleur des troupeaux d'Ammon, *Amenhotep* (Aménophis), musée de Boulak, nº 21.

Dans les papyrus B, C, D, les formules et vignettes correspondant aux stèles qui nous occupent, sont placées aux quatre côtés d'un dessin central représentant la momie sur sa couche funèbre. Dans le papyrus A les formules se suivent, les objets dont il est question sont représentés au-dessus ; c'est par le côté du nord que la description commence, et l'ordre adopté est nord, sud, est, ouest.

Nous commençons donc par la stèle du nord[1]. Nous rencontrons d'abord une sorte de titre qui appartient exclusivement aux stèles : *Ce qu'on fait sur le mur du nord*. Le mot que je traduis par *ce qu'on fait*, se rapporte soit à l'amulette elle-même et à la manière dont on l'incruste dans la paroi, soit aux cérémonies qui s'y rattachent ; la stèle du sud a un titre plus complet, elle ajoute ces mots : *du tombeau de l'Osiris, le fonctionnaire royal, le général Kasa qui parle ainsi....*

Je laisse de côté pour le moment la formule magique, et je passe à l'indication de la manière dont l'amulette doit être placée dans le tombeau. L. 3 : *Paroles qui se trouvent* (ou : *qui sont dites) sur une brique d'argile fraîche, sur laquelle a été gravé ce chapitre ; on y place une figurine de bois de palmier haute de sept doigts, qui a été consacrée ; on la fixe sur la brique pour laquelle une niche a été pratiquée dans le mur du nord, regardant le midi* (l. 6.)..... *il y a donc un Tat à l'occident, regardant l'orient, il y a un Anubis à l'orient, regardant* (l'occident) ; *il y a le bois au sud, regardant le nord ; il y a la figurine de bois de palmier au nord, regardant le midi.*

Ce texte nous enseigne que la formule magique devait être inscrite sur une brique d'argile sur laquelle on fixait la figurine ; puis, que le tout était introduit dans la petite niche du mur. En effet, les quatre stèles ont conservé non seulement la niche destinée à l'amulette, mais aussi celle de la brique ; et nous savons par M. Devéria qu'il y a encore dans divers musées des briques funéraires qui portent cette inscription.

[1] Voy. pl. I.

La phrase demande quelques explications. Il est dit que la brique est faite d'une substance nommée [hiéroglyphes] ; c'est, comme le dit M. Brugsch, une sorte d'argile qui servait aussi de cire à cacheter ; c'est avec cela qu'on scellait les portes des sanctuaires où certains prêtres seuls devaient entrer.

La figurine devait avoir 7 *doigts* de hauteur. Le doigt était la 28e partie de la coudée, ou de 0m,525. 7 doigts ou un quart de coudée feraient donc 0m,1312 ; or le vide de la stèle destiné à recevoir la figurine mesure une hauteur de 0m,138. Il est clair que la mesure ne peut être qu'approximative, et qu'il faut tenir compte du fait que la niche est nécessairement plus grande que la figurine qu'elle renfermait.

On devait *consacrer* la figurine, c'est-à-dire pratiquer à son égard la cérémonie de [hiéroglyphes], litt. *l'ouverture de la bouche*. Cette cérémonie qui est décrite soit dans les bas-reliefs des tombeaux, soit dans les papyrus funéraires, consistait en ceci : un prêtre vêtu comme celui de Phta, d'une peau de léopard, touchait les lèvres du défunt ou de la figure dont on voulait ouvrir la bouche, avec un bâtonnet terminé par une sorte de lame en fer. Cet acte était considéré comme accompli par Phta lui-même, et donnait à celui qui en était l'objet un pouvoir magique. Au chapitre XXIII du Todtenbuch, le défunt parlant de la manière dont il a été délivré des liens qui lui fermaient la bouche et qui entravaient ses mains, dit : *Phta m'a ouvert la bouche avec ce style de fer, avec lequel il ouvre la bouche des dieux.* Aussitôt cette cérémonie accomplie, le défunt se met à parler comme une divinité ayant un pouvoir magique, auquel les dieux mêmes ne peuvent résister. Il est évident que sans cela la figurine n'aurait pas le droit de prononcer les paroles qu'elle va faire entendre, et de promettre au défunt sa protection.

Les mots qui suivent ne présentent pas de difficulté. Le mot niche [hiéroglyphes] se trouve sous la forme [hiéroglyphes] avec le sens de *trou*, *terrier* d'un animal.

[hiéroglyphes], litt. sur le mur du nord *dont la face est vers le midi*. On disait en égyptien comme en français la face d'un mur. On peut s'étonner au premier abord de cette indication aussi précise, et qui ne fait défaut à aucune des stèles. Si l'auteur de l'inscription, parlant du mur du nord, a soin d'ajouter : *sur la face qui regarde le midi*, cela revient à dire sur la face intérieure du mur. Cela suppose donc que le mur avait aussi une face extérieure, et par conséquent il ne s'agit point d'une tombe ou d'une chambre sépulcrale creusée dans le roc, mais d'une chapelle funéraire bâtie à l'entrée, du *mastabat*, comme l'a nommé M. Mariette.

A la suite de ces données relatives à l'orientation se trouvent les mots qui sont très obscurs. Ces mots sont dans les trois stèles sur lesquelles nous voyons représenté un adorant. Il pourrait sembler que ce verbe désigne une action que le défunt fait ou qu'il subit ; en effet sur la stèle de l'est, celle d'Anubis, l'expression est suivie des mots : *l'Osiris, le premier scribe royal du roi, Kasa, qui est précieux devant le grand dieu.* En revanche, sur la stèle de l'ouest, celle du Tat, le même verbe est suivi de ces mots : , *sur le sol, il est sous un cèdre.* Or, dans cette stèle, nous ne voyons point de cèdre; il y a de chaque côté de l'amulette une représentation du défunt, mais rien de plus.

Le mot est une racine très riche et qui a des sens très divers; il signifie au sens propre, *entourer, envelopper;* au sens figuré, *rétribuer, rémunérer, payer.* Il est probable qu'il y a un mot omis qui devrait être le sujet de ce verbe. Du reste, il n'y a presque pas une de ces stèles où il n'y ait quelque omission ; sur celle du nord en particulier, nous en constaterons deux parfaitement évidentes. Je ne propose pas de traduction de ce mot .

Le reste de l'inscription nous donne une indication sommaire de l'ornementation des quatre murs ; nous en retrouverons les différentes phrases quand nous étudierons successivement chaque stèle.

Venons-en maintenant à la formule magique que nous avons laissée de côté. Ici nous devons recourir à l'aide des papyrus. Nous en avons trois à notre disposition : A, C et D. Voici le texte de la stèle : L. 1-3 : : *Je suis venu pour te frapper, je ne permettrai pas que tu me frappes, je suis venu pour te lier, je ne permettrai pas que tu me lies; je protège l'Osiris, le fonctionnaire royal, le général Kasa.*

Les trois papyrus nous donnent , qu'on pourrait interpréter de diverses manières; *venant pour* pourrait se rapporter aussi bien à celui qui parle qu'à son interlocuteur; mais ici la stèle est un peu plus explicite; elle ajoute au verbe le suffixe [hiéroglyphe] qu'il faut considérer ici comme étant une forme abrégée de [hiéroglyphe], *je suis venu.*

Pour te frapper, [hiéroglyphes]. Tous les textes ont un verbe différent; la stèle donne le verbe [hiéroglyphes] que M. Brugsch traduit par *frapper à mort, tuer;* le papyrus A a un verbe que nous ne connaissons pas avec ce déterminatif [hiéroglyphes]. Il est difficile de reconnaître le sens d'un mot dans une phrase aussi courte; d'ailleurs, lorsqu'il s'agit du Livre des Morts, il faut être d'une grande prudence; ce qu'on peut considérer comme un mot nouveau peut n'être qu'une faute du scribe.

Le papyrus D a le verbe [hiéroglyphes], qui est une variante de [hiéroglyphes] que M. Pierret traduit par *fendre en deux.*

La leçon qui me paraît la plus correcte est celle du papyrus C : [hiéroglyphes]. Ce verbe signifie *prendre, saisir avec une corde,* comme on prend à la chasse un taureau sauvage; il y aurait ainsi une sorte de parallélisme entre les deux phrases. En effet, le verbe [hiéroglyphes] qui suit est un verbe actif signifiant *jeter, lancer,* et que nous trouvons dans la combinaison [hiéroglyphes], *lier, enchaîner.*

Il est possible aussi qu'il faille compléter ce dernier verbe par une autre idée, et traduire comme s'il y avait [hiéroglyphes], groupe assez fréquent qui signifie *jeter de l'ordure, salir.* Cela établirait alors le parallélisme avec le verbe [hiéroglyphes] du papyrus du Louvre, lequel, à en juger par le déterminatif, doit signifier quelque chose comme *vomir, cracher.*

Dans la seconde phrase nous pouvons constater un exemple évident de l'incorrection de ces stèles, quelque belle qu'en soit la gravure. La négation [hiéroglyphe] qui précède [hiéroglyphes], *je ne permettrai point,* a été oubliée; elle existe dans les papyrus A et D.

La leçon des papyrus serait susceptible d'une traduction un peu différente. Comme rien dans le verbe [hiéroglyphes] n'indique la première personne, on pourrait le considérer comme un participe au vocatif : *venant pour frapper, toi qui viens pour frapper,* etc. Quoi qu'il en soit, il s'agit d'une puissance malfaisante que nous ne connaissons pas, dont nous ne savons ni le nom ni la nature, qui veut s'attaquer au défunt, et que la figurine repousse par son pouvoir magique.

Nous avons un nouvel exemple de la négligence avec laquelle ces stèles ont été gravées dans la répétition des signes (l. 2).

Devant la représentation du défunt se trouvent ces mots : *adoration à Osiris, prières à Unnofris, prononcées par l'Osiris, le général Kasa.*

Si nous ajoutons le nom du défunt répété dans la dernière ligne avec ceux de ses parents, nous aurons traduit l'inscription complète de la stèle du nord, dont voici le texte suivi :

Ce qu'on fait au mur du nord. Je viens pour te frapper ; je ne permettrai pas que tu me frappes ; je viens pour te lier ; je ne permettrai pas que tu me lies. Je protège l'Osiris, le général Kasa. Paroles qui se trouvent sur une brique d'argile fraîche, sur laquelle a été gravé ce chapitre ; on y place une figurine de bois de palmier, haute de sept doigts, qui a été consacrée ; on la place sur la brique pour laquelle une niche a été pratiquée dans le mur du nord, regardant le midi. — ..... Il y a donc un Tat à l'occident, regardant l'orient, il y a un Anubis à l'orient, regardant (l'occident), *il y a le morceau de bois au sud, regardant le nord, et la figurine de bois de palmier au nord, regardant le midi.* Au-dessus du défunt : *Adoration à Osiris, prières à Unnofris, prononcées par l'Osiris, le général Kasa.* Ligne horizontale inférieure[1] : *Le fonctionnaire royal, le général Kasa, le justifié, le fils de Hat-Aai, l'enfant de la dame Isis.*

Nous passons à la stèle du sud[2], suivant l'ordre indiqué par le papyrus A. Il ne s'agit plus d'une figurine, mais d'un emblème en bois, qui a la forme d'une flamme. Nous suivrons cette fois le texte tel qu'il est dans la stèle : l. 1 : *Ce qu'on fait sur le mur du sud du tombeau de l'Osiris, le fonctionnaire royal, le général Kasa, le justifié, qui parle ainsi.*

Ici le texte de la formule magique est plus difficile à comprendre que celui de la précédente ; il faut nécessairement recourir aux textes parallèles des papyrus. En effet, outre la formule qui nous occupe, il y a sur la stèle à côté de l'emblème deux invocations qui font partie d'un autre chapitre du Livre des

[1] Cette ligne se répète dans toutes les stèles ; nous ne la reproduirons pas pour les suivantes.

[2] Voy. pl. II.

Morts, le CXXXVII^e, qui dans le papyrus de Turin porte le titre suivant : , *le chapitre d'apporter la flamme*, ou *l'étincelle*, ainsi que traduit M. Devéria. Si nous recherchons ce chapitre dans les papyrus contemporains des stèles de Marseille, nous trouvons qu'il est remplacé par deux chapitres d'un contenu assez semblable. Dans le grand papyrus n° 9900 de Londres, l'un se nomme , *le chapitre de la flamme faite dans le Kerneter*, et il n'a pas de vignette; l'autre se nomme , *le chapitre d'allumer la flamme*, et au-dessus du texte on voit la déesse en forme d'hippopotame, *Api*, qui tient à la main une flamme qu'elle approche d'un vase de parfums sur un autel. La déesse est qualifiée de *protectrice*, . Cette vignette est importante; elle nous explique la présence fréquente dans les tombeaux de statuettes de l'hippopotame femelle que les Grecs ont appelé Thouëris, du nom égyptien *Ta-uar*, la grande[1]. En général, elle tient à la main un symbole formé d'une sorte de nœud, qui est l'hiéroglyphe *sa* indiquant la protection. Il y a tout lieu de croire que c'est la déesse Api qui prononce les paroles magiques qui nous occupent. Du reste, la vignette du papyrus 9900 à elle seule nous indique déjà que cette déesse est en rapport avec le feu. Mais de quel feu s'agit-il? Pour résoudre cette question, examinons la représentation finale de plusieurs papyrus thébains. Nous y voyons une montagne vers laquelle se dirige le défunt. De cette montagne, suivant un papyrus de Leyde, sort Thouëris qui tient à la main un flambeau. Dans un autre document, la déesse n'a à la main que les emblèmes ordinaires des dieux, le sceptre et la croix ansée; mais immédiatement derrière elle se voit le croissant de la lune. Il est donc vraisemblable que Thouëris est un emblème lunaire. C'est cet astre qui apporte au défunt la flamme qui lui est nécessaire.

Si nous étudions les invocations placées au bas de notre stèle, ou mieux encore les deux chapitres de la flamme dans le papyrus 9900 de Londres, nous voyons que cette flamme appartient à la partie du défunt qui se nomme le *Ka* , c'est-à-dire à cette sorte d'ombre qui subsiste après la mort. etc. *O flamme brillante, flamme de ton Ka,*

[1] Mariette, *Catal.*, p. 10?.

dit la stèle, et nous trouvons des phrases toutes semblables répétées plusieurs fois dans les chapitres de la flamme. Or comme il est dit expressément que cette flamme a le don de protection à l'égard du *Ka*, dont elle détruit les ennemis, on peut en conclure que le *Ka* est, dans la composition du corps du défunt, un élément visible qui a besoin de lumière pour subsister, et qui est considéré comme recevant cette lumière de la déesse Api, qui n'est autre que la lune.

La formule magique telle qu'elle se trouve dans la stèle est absolument incompréhensible ; les incorrections et les omissions y abondent. Malgré le secours des papyrus, ma traduction est loin d'être certaine.

L. 2 : . Les deux mots qui suivent le pronom paraissent tous deux fautifs ; est inconnu : il faut évidemment lire comme A, C et D : , qui signifie *étendre, embrasser*. La stèle est seule à avoir le mot , que tous les autres textes remplacent par , *le sable, c'est moi qui étends le sable*. Le Todtenbuch a , qui peut se comprendre ; car , qui signifie proprement *frapper*, peut s'entendre comme le verbe , dans le sens de *creuser la terre : c'est moi qui creuse le sable* *pour entourer ce qui est caché*. B et D donnent , *la demeure cachée*, qui est sans doute une désignation du tombeau ; C et D écrivent le mot avec le déterminatif des murs . Il s'agit donc d'une enceinte, d'une clôture véritable. La stèle continue : *Je l'ai repoussé vers le feu souterrain*. Tous les textes nous donnent ici une leçon plus complète que la stèle ; au lieu du verbe , *je l'ai repoussé*, nous avons cette répétition , *celui qui repousse est repoussé vers*... Il y a là une idée analogue à celle que nous avons vue exprimée dans la première stèle. Ces paroles s'adressent à un génie que nous ne connaissons pas, qui vient pour écarter violemment du voisinage du défunt la déesse qui est sa protectrice, et qui, bien loin de réussir dans son attaque, est au contraire repoussé lui-même vers ce que la stèle appelle . Ici tous les textes ont des leçons différentes, A : ; C : ;

D : [hiéroglyphes]. Cette expression a l'air de ne former qu'un seul mot. Si, comme le dit M. Brugsch, [hiéroglyphes] est l'opposé de [hiéroglyphes], *le ciel*, il semblerait que ce mot désigne le feu souterrain ou une région embrasée quelconque vers laquelle est chassé l'agresseur. Il est curieux qu'après ce mot, les papyrus B et C ajoutent ce développement ; [hiéroglyphes], litt. *j'ai mis le feu à la terre*. Ainsi celui qui prononce ces paroles s'attribue le pouvoir de faire jaillir des flammes du sol.

L. 3 : [hiéroglyphes], *je leur ai fait rebrousser chemin*. Ici encore la stèle ne nomme pas les personnages dont elle parle ; tandis que le papyrus A donne cette variante : [hiéroglyphes], *j'ai fait rebrousser chemin à Safu*, c'est-à-dire *au glaive*, ou *au dieu du glaive*.

La formule magique finit comme toutes les autres par ces mots : *Je protège l'Osiris, le fonctionnaire royal, Kasa*. Nous y relevons encore une omission. car après l'expression [hiéroglyphes], il manque le mot [hiéroglyphes].

L. 4 et 5 : *Paroles qui se trouvent sur une brique d'argile fraîche, sur laquelle on a gravé ce chapitre ; on y fixe un bois en forme de flamme de feu ; une niche lui a été faite dans le mur du midi, regardant le nord*.

J'ai traduit ailleurs par *bois de vigne* le mot [hiéroglyphes] que M. Devéria rend par *torche, flambeau*. Cette dernière version ne paraît guère soutenable ; il est clair qu'il ne s'agit pas ici d'une torche ou d'un flambeau, qui n'aurait pu être placé dans la petite niche de la muraille, mais d'un morceau de bois en forme de flamme ou de flambeau. Revenant sur ma première interprétation, je crois qu'il faut voir dans ce mot une variante du mot [hiéroglyphes] qui signifie *un morceau de bois* (avec un [hiéroglyphe] prosthétique), dont une autre variante doit être [hiéroglyphes][1].

L'extrémité du morceau de bois devait être peinte couleur de flamme de feu ; la chose ne peut guère être entendue autrement ; évidemment il ne s'agit pas d'une flamme véritable ; car alors, encore une fois, à quoi aurait servi la petite niche si bien conservée ? Il faut l'entendre par une représenta-

[1] Brugsch., *Dict*, p. 320.

tion, un emblème qui a même un caractère tout à fait conventionnel, car le bout de la flamme est indiqué par une différence subite dans la profondeur de la niche, qui correspondait sans doute à un changement dans la substance ou dans la couleur de l'amulette.

Au-dessous du texte horizontal de la stèle, de chaque côté de l'amulette, se trouvent des invocations disposées en colonnes verticales, et qui sont, comme nous l'avons dit, des phrases tirées du chapitre CXXXVII, tel qu'il est dans les rédactions thébaines. Je commence par celle qui se trouve à droite du spectateur :

O flamme brillante, flamme de ton Ka, Osiris, fonctionnaire royal, Kasa, la flamme éclaire la nuit qui suit le jour, la flamme divine brille dans ce sanctuaire, elle brille sur ta tête, elle est attachée à ton front, elle t'accorde sa protection, tes ennemis sont frappés à mort, Osiris Kasa.

J'ai insisté plus haut sur la connexion étroite qu'il paraît y avoir entre le feu et le Ka ; pour le moment, à défaut d'expression meilleure, je traduirai le mot 𓂓 par *ombre.*

J'ai rendu [hiéroglyphes] par *flamme divine ;* dans d'autres traductions, j'ai conservé le mot vague *d'offrande.* Le fait est qu'il y a toute une catégorie d'offrandes des genres les plus divers, victuailles, boissons, parfums, vêtements, qui portent le nom de [hiéroglyphes], *œil d'Horus,* et qui doivent à cette qualité des vertus particulières. Toutes les offrandes qu'on fait aux dieux ne sont pas des [hiéroglyphes], et dans les longues listes du tombeau de Séti Ier, par exemple, la distinction est faite très clairement.

Nous passons à la formule de gauche : *Osiris, fonctionnaire royal, général Kasa, tu es un bienheureux, puissant dans le Kerneter ; tu as été éprouvé dans la grande salle d'Aprehui ; ceux qui agissent contre toi te sont soumis, tu leur as coupé la tête toi-même* (litt. *par ton action), Osiris Kasa.*

Il y a dans cette phrase une allusion évidente à la scène du jugement, par laquelle le défunt a dû passer ; Aprehui est un nom fréquent du dieu Thoth qui joue un rôle important dans la psychostasie, puisque c'est dans sa bouche qu'est placée la déclaration d'innocence du défunt.

La ligne horizontale inférieure, qui répète les noms et titres du défunt, termine notre stèle, dont la traduction suivie serait donc :

Ce qu'on fait au mur du sud, du tombeau de l'Osiris, le fonctionnaire royal, le général Kasa, le justifié qui parle ainsi : « C'est moi qui étends le sable pour entourer ce qui est caché (l'agresseur) ; *je l'ai repoussé dans le souterrain ; je leur ai fait rebrousser chemin ; je protège l'Osiris, le fonctionnaire royal, Kasa. » Paroles qui se trouvent sur une brique d'argile fraîche, sur laquelle a été gravé ce chapitre ; on y fixe un bois en forme de flamme de feu ; une niche a été pratiquée dans le mur du midi, regardant le nord.*

(Invocation). *O flamme brillante, flamme de ton ombre, Osiris, fonctionnaire royal, Kasa ; la flamme éclaire la nuit qui suit le jour, la flamme divine brille dans ce sanctuaire, elle brille sur ta tête, elle est attachée à ton front, elle t'accorde sa protection ; tes ennemis sont frappés à mort, Osiris Kasa.*

Osiris, fonctionnaire royal, général Kasa, tu es bienheureux et puissant dans le Kerneter ; tu as été éprouvé dans la grande salle d'Aprehui ; ceux qui agissent contre toi te sont soumis, tu leur as coupé la tête toi-même, Osiris Kasa.

Au midi succède l'est [1], et l'emblème du dieu Anubis. L. 1 : *Ce qu'on fait sur le mur oriental.* La formule magique s'adresse au *dieu qui est sur la montagne*, nom très habituel d'Anubis dans les inscriptions funéraires. Les leçons des papyrus ne sont pas tout à fait identiques ; mais les différences portent sur des points de détail. Le seul mot difficile à comprendre dans la formule magique, c'est le mot ou qui signifie proprement *un instant, une minute*. Il appartient à un autre travail de faire la démonstration de ce que j'avance ici ; cela m'entraînerait dans une discussion philologique trop longue ; mais je crois pouvoir affirmer que ce mot, lorsqu'il est employé dans une phrase comme celle-ci , signifie la *colère subite* et violente ; *il n'est pas frappé de la colère du roi*, dit le Todtenbuch, qui parle souvent aussi de *la colère* de Thouëris. Il y a là assonance avec le mot que nous allons rencontrer plus loin, et qui signifie *violence*. Je traduis : L. 1-3 : *Lève la tête, fonctionnaire royal, Kasa, lève*

[1] Voy. pl. III.

la tête, dieu qui es sur la montagne; ta colère est repoussée, j'ai repoussé ta violence, je suis le protecteur de l'Osiris, le général Kasa.

Dans le second membre de phrase, *j'ai repoussé ta violence*, les papyrus sont plus complets; ils écrivent : [hiéroglyphes], *j'ai repoussé ta colère violente*. Ici encore, nous ne voyons pas bien à qui s'adresse cette incantation, ni même qui la prononce. Il est possible que ce soit à un grand serpent dont il est question aux chapitres CVIII et CXI du Todtenbuch, et dont l'habitation est sur une montagne située à l'est; c'est contre cet être malfaisant qu'Anubis doit peut-être protéger le défunt.

L. 3-6 : *Paroles dites sur un Anubis d'argile enduit de parfums en morceaux; il est fixé sur une brique d'argile sur laquelle a été gravé ce chapitre, et pour laquelle une niche a été faite dans le mur oriental, regardant l'occident........... l'Osiris, le grand fonctionnaire du roi, Kasa, qui est précieux devant le grand dieu.* Cette phrase ne présente rien de particulier dans les mots. Le verbe [hiéroglyphes] se trouve souvent dans le grand papyrus médical Ebers, où M. Stern le traduit par *tundere, confundere, miscere;* ici le sens paraît être plutôt : *enduire*, *frotter*. Nous retrouvons à la ligne 6 l'expression [hiéroglyphes] que nous avons renoncé à traduire; elle est suivie du nom du défunt.

La scène qui se trouve au bas de la stèle représente le chacal Anubis, ou plutôt la niche qui lui était déstinée, sur un naos, avec le défunt en adoration devant lui; entre deux se trouve un autel; portant un vase du genre de ceux qu'on appelle *nem*, et qui figurent presque toujours parmi les offrandes funéraires. La base du naos est formée par la niche, qui renfermait la brique funéraire.

Comme les précédentes, la stèle est bordée dans la partie inférieure par une ligne horizontale donnant le nom du défunt et de ses parents.

La traduction suivie de la stèle serait donc :

Ce qu'on fait au mur de l'est. Lève la tête, Osiris, fonctionnaire royal, Kasa, lève la tête, dieu qui es sur la montagne; ta colère est repoussée, j'ai repoussé ta violence, je protège l'Osiris, le général Kasa. Paroles dites sur un Anubis d'argile, frotté de parfums en grains; il est fixé sur une brique d'argile sur laquelle a été gravé ce chapitre, et pour laquelle une niche a été faite dans le mur oriental, regardant l'occident..... l'Osiris, le grand fonctionnaire du roi, Kasa, qui est précieux devant le grand dieu.

C'est par la stèle de l'ouest[1] que se termine la description des quatre murs. Nous trouvons là l'ornement *Tat*, très connu et très fréquent dans les tombeaux, mais avec une inscription différente de celle qu'il porte d'ordinaire. En général les Tat que nous avons conservés sont accompagnés d'une inscription qui compose le chapitre CLV du Todtenbuch, et qui a pour titre : *Le chapitre du Tat d'or qu'on met au cou du défunt.* Avec celui de la stèle va un chapitre inédit qui se trouve dans le papyrus du marquis Busca à Milan, et qui s'apelle *le chapitre du Tat de lapis-lazuli.* Ce n'est cependant pas de cette substance que celui de Kasa était fait.

La stèle ne commence pas par la formule habituelle ; elle entre immédiatement en matière : (L. I) *Le fonctionnaire royal, le général Kasa, parle ainsi.....* Il est cependant toujours considéré comme répétant les paroles d'un dieu ou d'un génie. Ici le mort s'adresse à un être que la stèle désigne par le groupe idéographique dont la lecture est , ainsi que l'avait déjà indiqué M. Devéria. Cette lecture est confirmée par tous les papyrus que j'ai sous les yeux. Malgré le déterminatif qui est celui des vêtements, il faut, je crois, traduire ce nom par *celui qui retourne la tête ;* ce serait ainsi l'équivalent du mot , qui dans le papyrus Busca remplace . On voit par cette variante que l'être auquel le défunt s'adresse est le crocodile *Nehaher* aussi redoutable que ceux que nous voyons au chapitre XXXI, et qui, d'après le chapitre CXXV, habitait à l'entrée de la nécropole. Il avait là un trou, une cachette qu'un papyrus nomme .

Les trois papyrus, A, C et D ont une leçon qui nous montre clairement que celle de la stèle est incorrecte ; voici, par exemple celle du papyrus C : etc. *Je suis venu en diligence arrêtant la marche de Kep-her qui éclaire sa caverne.* La stèle es plus difficile à comprendre. *Je suis venu en diligence ; la marche est arrêtee, ta tête est retournée, Kep-her.* Il faudrait alors admettre que la lecture de est tantôt et tantôt .

[1] Voy. pl. IV.

(I. 2.) *C'est moi qui me tiens derrière le Tat, le jour où l'on repousse les coups ; je protège l'Osiris, le fonctionnaire royal Kasa. Ces paroles sont dites sur un Tat de couleur jaune dont les branches sont en or, qui est enveloppé de byssus, et sur lequel on a fait dégoutter de l'encens ; il est fixé sur une brique d'argile fraîche frottée de parfums en grains, sur laquelle on a gravé ce chapitre ; on a fait une niche dans le mur occidental, regardant l'orient. ... est sur le sol, il est sous un cèdre.*

J'ai traduit par *branches* le mot [hiéroglyphes] ... A en juger d'après le déterminatif, l'épine dorsale, le mot pourrait signifier ou l'arête, ou les branches qui y sont fixées comme les côtes à l'échine ; je me suis arrêté au second sens, le premier étant d'ordinaire rendu par l'égyptien [hiéroglyphes]. Quant à la substance dont on fait le Tat, c'est un minéral de couleur jaune, qui ne peut pas être une pierre précieuse, vu la grosseur de l'amulette ; on l'enveloppait de byssus, probablement pour cacher aux regards ce qui était en or, et qui aurait pu tenter la cupidité.

Voici donc la traduction suivie de la stèle :

Le fonctionnaire royal, le général Kasa, parle ainsi : « *Je suis venu en diligence ; ta marche est arrêtée, ta tête est retournée, Kep-her. C'est moi qui me tiens derrière le Tat, le jour où l'on repousse les coups ; je protège l'Osiris, le fonctionnaire royal, Kasa.* » *Paroles dites sur un Tat de couleur jaune dont les branches sont en or, qui est enveloppé de byssus, et sur lequel on a fait dégoutter de l'encens ; il est fixé sur une brique d'argile fraîche, frottée de parfums en grains ; on a fait une niche dans le mur occidental, regardant l'orient..... est sur le sol, il est sous un cèdre.* »

Il me reste à parler de la représentation qui se trouve au sommet des quatre stèles. Mais ici nous rencontrons de nouveau un symbolisme qui n'est pas encore expliqué. Le groupe central qui est formé de ces trois signes [hiéroglyphes] peut se comprendre de deux manières. Le signe ♌ indique l'idée de *circonférence* de *cercle*, de *période ;* si l'on y ajoute le signe de l'eau, on peut l'entendre comme une représentation de l'océan céleste ; mais il me paraît plus naturel d'y voir une figure tirée de la clepsydre et une représentation de l'éternité, qui serait ainsi d'une *période d'eau*, c'est-à-dire de l'eau coulant sans jamais s'arrêter, et revenant toujours à son point de départ. Il me semble que cette idée est confirmée par ce qui se trouve des deux côtés du groupe central ; tantôt deux 𓂀 [1], tantôt deux Anubis [2]. Or 𓂀, avec beaucoup d'autres significations, a pour sens assez fréquent la marche du soleil de l'un des solstices à l'autre, les deux 𓂀 tournés en sens inverse sont donc une image de la révolution annuelle du soleil. En revanche, la représentation d'Anubis, qui est un emblème très fréquent de l'horizon, nous amène aussi à l'idée du mouvement du soleil dans sa révolution diurne. Le dessin entier signifierait donc l'*éternité*, en suivant la marche du soleil dans son mouvement annuel ou diurne ; ce qui est tout à fait conforme aux idées que les Égyptiens se faisaient de la destinée des défunts.

En résumé les quatre stèles orientées du musée de Marseille nous décrivent quatre amulettes, dont chacune par son influence magique doit préserver le défunt d'une influence pernicieuse qui sera ici celle de Set, là celle du serpent de l'Orient, ou du crocodile Neḥaher. Ces influences sont considérées comme des agresseurs qui viennent des quatre points cardinaux. C'est du reste des points cardinaux aussi que, d'après un autre texte de Marseille, les quatre génies apportent les éléments constitutifs du corps du défunt. [3]

TRADUCTION SUIVIE DES QUATRE STÈLES

NORD

Ce qu'on fait au mur du nord. Je viens pour te frapper, je ne permettrai pas que tu me frappes ; je viens pour te lier, je ne permettrai pas que tu me lies ; je protège l'Osiris, le général Kasa.

Paroles qui se trouvent sur une brique d'argile fraîche sur laquelle a été gravé ce chapitre ; on y place une figurine de bois de palmier haute de sept doigts, qui a été consacrée ; on la place sur la brique pour laquelle une niche

[1] Voy. pl. II et IV.
[2] Voy. pl. I et III.
[3] *Zeitschrift*, 1877, p. 30.

a été pratiquée dans le mur du nord regardant le midi...... il y a donc un Tat à l'occident regardant l'orient, il y a un Anubis à l'orient regardant (l'occident); il y a le morceau de bois au sud regardant le nord, et la figurine de bois de palmier au nord regardant le midi.

(Au-dessus du défunt) : Adoration à Osiris, prières à Unnofris, prononcées par l'Osiris, le général Kasa.

(Ligne inférieure) : Le fonctionnaire royal, le justifié, le fils de Hat-Aai, le justifié, l'enfant de la dame Isis.

SUD

Ce qu'on fait au mur du sud, du tombeau de l'Orisis, le fonctionnaire royal le géneral Kasa, le justifié qui parle ainsi : « C'est moi qui étends le sable pour entourer ce qui est caché (l'agresseur); je l'ai repoussé dans le feu souterrain; je leur ai fait rebrousser chemin, je protège l'Orisis, le fonctionnaire royal, Kasa. »

Paroles qui se trouvent sur une brique d'argile fraiche sur laquelle a été gravé ce chapitre; on y fixe un bois en forme de flamme de feu, une niche a été pratiquée dans le mur du midi regardant le nord.

(Invocation) : O flamme brillante, flamme de ton ombre, Osiris, fonctionnaire royal, Kasa; la flamme éclaire la nuit qui suit le jour, la flamme divine brille dans ce sanctuaire, elle brille sur ta tête, elle est attachée à ton front, elle t'accorde sa protection; tes ennemis sont frappés à mort, Osiris Kasa.

Osiris, fonctionnaire royal, général Kasa, tu es bienheureux et puissant dans le Kerneter; tu as été éprouvé dans la grande salle d'Aprehui; ceux qui agissent contre toi te sont soumis, tu leur as coupé la tête toi-même, Osiris Kasa.

Le fonctionnaire royal, etc.

EST

Ce qu'on fait au mur de l'est. Lève ta tête, Osiris, fonctionnaire royal, Kasa, lève ta tête; dieu qui es sur la montagne, ta colère est repoussée, j'ai repoussé ta violence, je protège l'Osiris, le général Kasa.

Paroles dites sur un Anubis d'argile frotté de parfums en grains; il est fixé sur une brique d'argile sur laquelle a été gravé ce chapitre, et pour laquelle une niche a été faite dans le mur oriental regardant l'occident..... l'Osiris, le grand fonctionnaire du roi Kasa, qui est précieux devant le grand dieu.

Le fonctionnaire royal, etc.

OUEST

Le fonctionnaire royal, le général Kasa parle ainsi : « Je suis venu en diligence ; ta marche est arrêtée, ta tête est retournée, Kep-her. C'est moi qui me tiens derrière le Tat, le jour où l'on repousse les coups. Je protège l'Osiris le fonctionnaire royal, Kasa.

Paroles dites sur un Tat de couleur jaune dont les branches sont en or, qui est enveloppé de byssus, et sur lequel on a fait dégoutter de l'encens; il est fixé sur une brique d'argile fraîche frottée de parfums en grains ; on a fait une niche dans le mur occidental regardant l'orient..... est sur le sol, il est sous un cèdre.

Le fonctionnaire royal, etc.

LYON — IMP. PITRAT AINÉ, RUE GENTIL, 4.

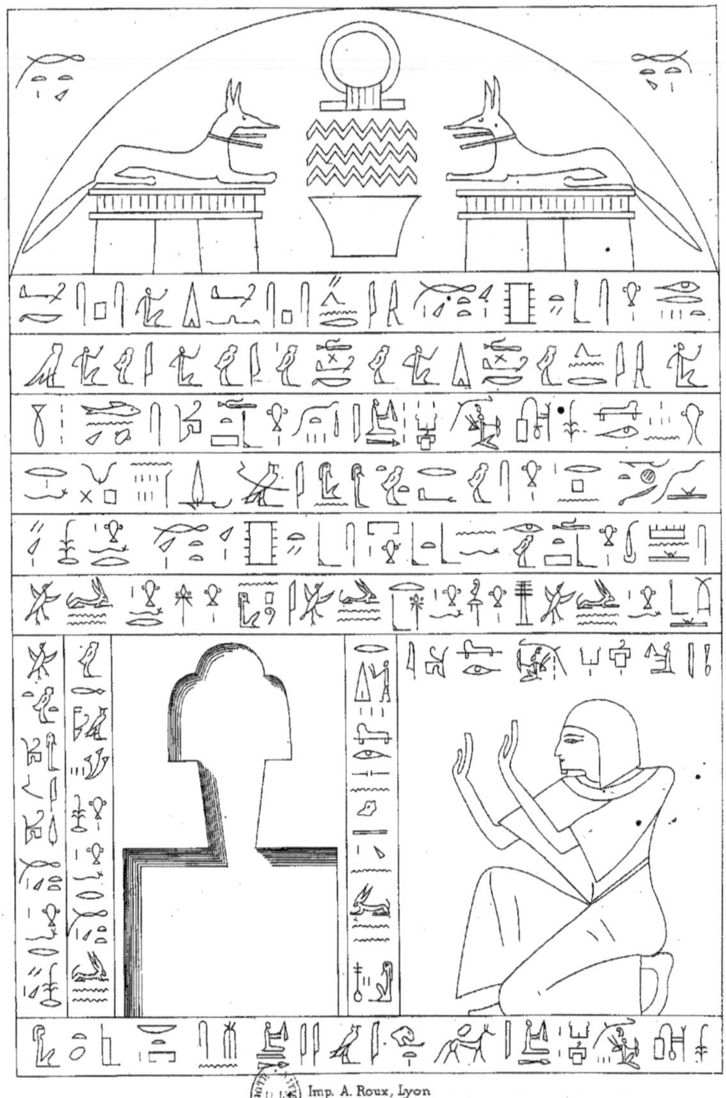

Imp. A. Roux, Lyon

STÈLE ORIENTÉE DU MUSÉE DE MARSEILLE

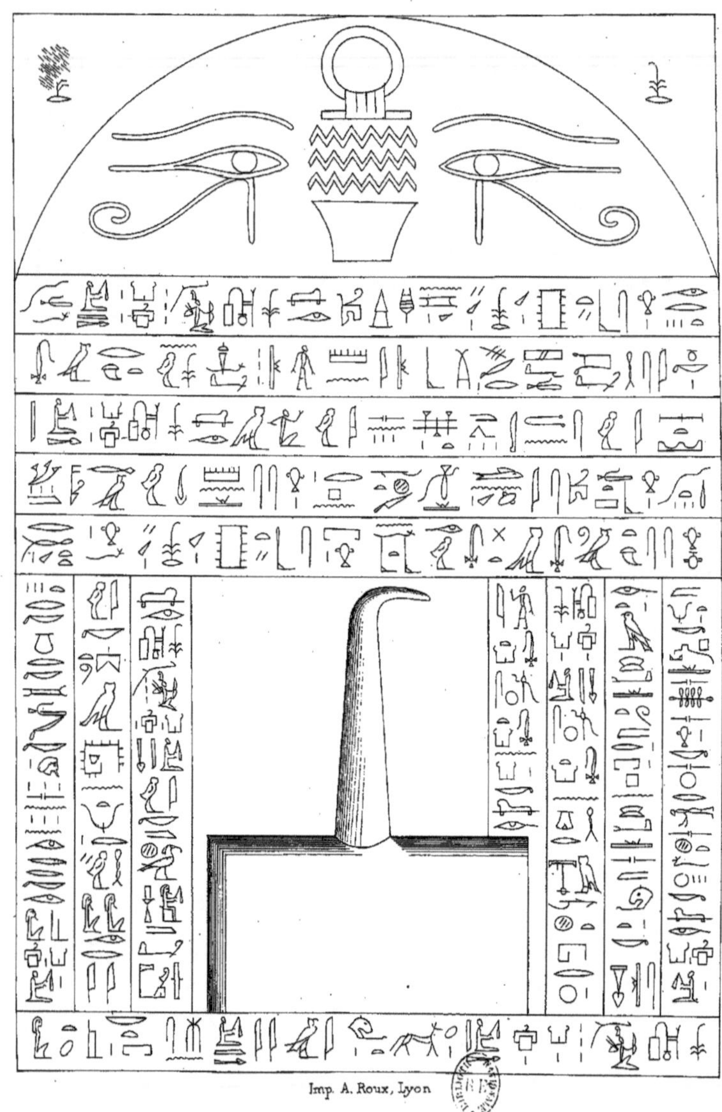

Imp. A. Roux, Lyon

STÈLE ORIENTÉE DU MUSÉE DE MARSEILLE

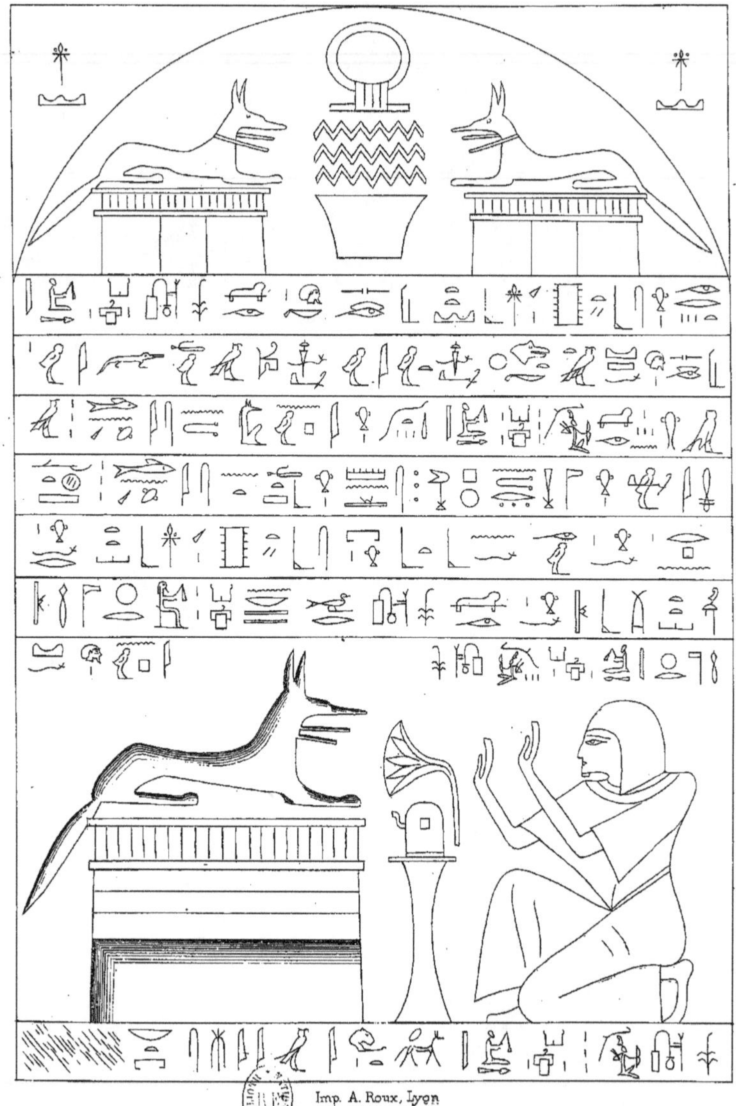

Imp. A. Roux, Lyon

STÈLE ORIENTÉE DU MUSÉE DE MARSEILLE

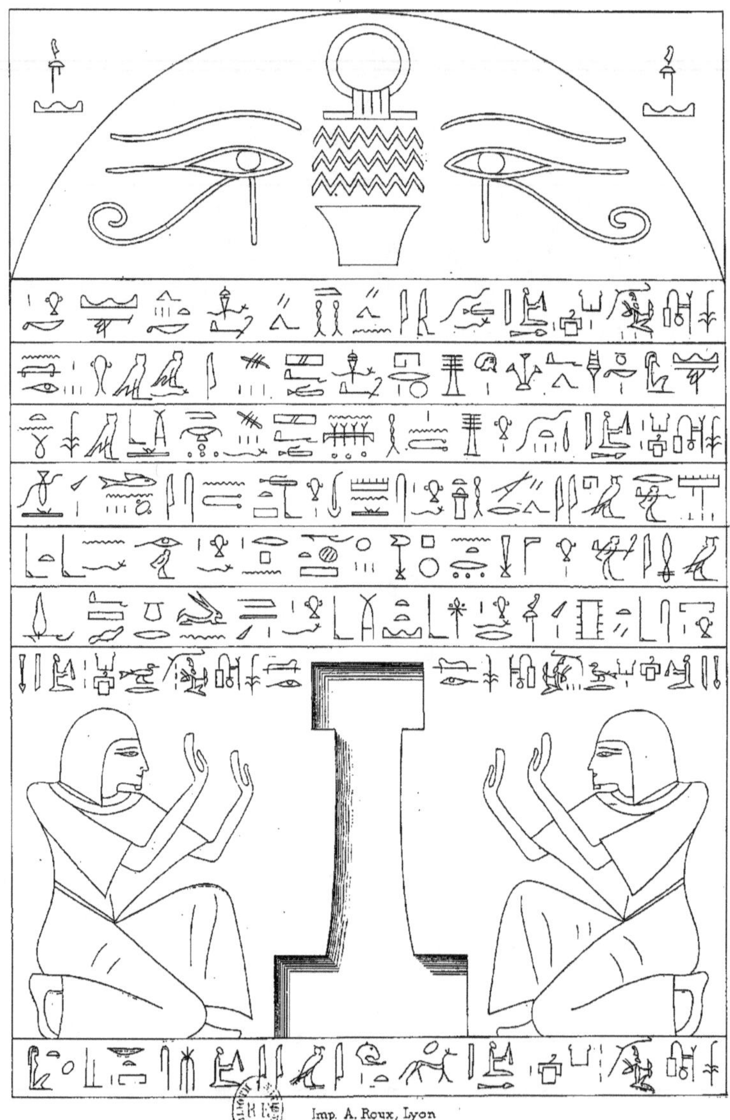

Imp. A. Roux, Lyon

STÈLE ORIENTÉE DU MUSÉE DE MARSEILLE

Extrait du *Compte rendu du Congrès des Orientalistes*
SESSION DE LYON, 1878

www.ingramcontent.com/pod-product-compliance
Lightning Source LLC
LaVergne TN
LVHW020252230826
846091LV00006B/2365
9782013371483